PSIHOLOŠKI TESTI

ZA

SAMOSPOZNAVANJE

Marija Pia Bonifina

ISBN: 1517524237
ISBN-13: 978-1517524234
CreateSpace Independent Publishing Platform, North Charleston, SC

Na Amazonu poiščite še druge knjige psihologinje Marije Pie Bonifine, ki vam bodo pomagale izboljšati vaše življenje!

KAZALO

Drage bralke in dragi bralci!

Pred vami je knjiga 17 psiholoških testov, ki sem jih
skrbno izdelala na osnovi psiholoških spoznanj. Obsegajo
različna življenjska področja: od spolnosti preko
medosebnih odnosov in partnerstva do nagnjenosti k
debelosti in narcisizma.

Namen knjige je, da bi s pomočjo psiholoških testov
razmišljali o sebi in se tako bolje spoznali. Priporočam, da
se knjige lotite počasi in premišljeno. Teste lahko rešujete
tudi enega za drugim, še bolje pa je, če si za vsakega
vzamete čas in poglobljeno razmislite o posamezni
dimenziji vaše osebnosti.

Nihče med nami ni popoln in tega si ne smemo zameriti.
Pomembno pa je, da se trudimo na poti samoraziskovanja
in osebnostne rasti. Upam, da vam bo pri tem moja knjiga
v pomoč.

Marija Pia Bonifina, psihologinja

»Bolje kot se spoznam, bolje lahko upravljam svoje življenje!

Je moje življenje smiselno?

Občutja praznine in nesmisla poznamo vsi ljudje, vendar so pri nekaterih tako prevladujoča, da zaradi njih v življenju mučno trpijo. Porajajo se predvsem iz razkoraka med tem, kaj v resnici smo in med nam tujim, vsiljenim načinom življenja. Ko si prizadevamo, da bi v družbi uspeli, pa čeprav plačujemo s samim seboj in z bistvom svojega življenja...

Odgovorite na naslednja vprašanja in preberite vaš rezultat. Morda boste prepoznali kak vzrok vašega občutja nesmisla in ga tako zmogli odpraviti.

1) Med ljudmi je danes malo pravih prijateljskih vezi. **DA NE**

2) Prihodnost vidim bolj mračno kot svetlo. **DA NE**

3) Individualnost in posebnost človeka se danes ne ceni. **DA NE**

4) Ljudje radi pomagajo. **NE DA**

5) Vsi smo le majceni deli stroja, ki se imenuje Življenje. **DA NE**

6) V poklicu lahko napreduješ le, če konkurenta "zmelješ". **DA NE**

7) Včasih imam občutek, da sem čisto sam na svetu. **DA NE**

8) Važneje je, kako se predstavljaš, kot pa kaj si v resnici. **DA NE**

9) Tudi v zasebnem življenju je vse določeno, tako da se praktično lahko le udinjamo predvidenemu. **DA NE**

10) Ne vem več, kaj je prav in kaj ne. **DA NE**

11) Večkrat se sprašujem, kaj je pravzaprav smisel življenja. **DA NE**

12) Prijatelji me ne vabijo v družbo tako pogosto, kot bi si želel. **DA NE**

13) Otroke je treba predvsem naučiti, kako se povzpeti v družbi. **DA NE**

14) Cilj v mojem življenju pogosto opraviči sredstvo.   **DA NE**

15) Večkrat čutim, da me drugi le izkoriščajo.   **DA NE**

16) Na svetu je preveč lažne morale.   **DA NE**

17) Ljudje so v bistvu prijateljski.   **NE DA**

18) Vzgoja otrok je zastrašujoče težka naloga.   **DA NE**

19) Rutina in nečloveškost vsakdanjega življenja me utapljata.   **DA NE**

20) Svoje prijatelje obiskujem redkeje, kot bi si želel.   **DA NE**

21) Videz je pomembnejši od bistva.   **DA NE**

22) Vse je relativno, nikjer ni prave opore.   **DA NE**

23) Nimam nobene moči, da bi svet naredil boljši.   **DA NE**

24) Dober človek lahko vedno najde prijatelje.   **NE DA**

25) Nenehno odločanje o pomembnih stvareh mi načenja živce.   **DA NE**

Rezultati

Seštejte obkrožene odgovore v desni koloni in preberite ustrezen rezultat.

7 točk ali manj

Polni ste občutij praznine. Sprašujete se za kaj je pravzaprav vredno živeti. Vse se vam zdi relativno in brez pravega smisla. V sebi občutite bolečo praznino in nemoč, da bi svoje življenje oplemenitili s smislom. Zdi se vam, da vas drugi ne razumejo in da vi ne razumete drugih. Počutite se kot vesoljec z nekega tujega planeta. Vse bolj se zapirate vase in skrivate svoja prava čustva in misli. Izhoda ne najdete. Iz te situacije lahko reši samo eno: znova morate stopiti v stik s samim seboj. Poiskati morate svoja prava čustva in jih pokazati tudi navzven. Poskušajte se otresti navade, da se spremenite zato, ker lahko le "drugačni" v življenju uspete. Bodite to, kar v resnici ste – in drugim to pokažite. Tukaj leži vaša moč.

Od 8 do 16 točk

Čeprav se vam življenje v osnovi zdi lepo in polno smisla, včasih vendarle zapadete v čudna razpoloženja, ko za vas vse izgubi smisel in ko ne veste več, za kaj bi živeli. To so trenutki, ko se vam zdi, da tako ali tako nič velikega ne morete doseči. Razjeda vsakdan in počutite se osamljeni kot otok v oceanu. Občasno so taka duševna stanja dobrodošla, saj - če jih pravilno prebrodimo - omogočajo osebnostno rast. Nevarno pa je, če se ustalijo in se iz njih več ne moremo izvleči. Kot rešilno slamico razumite vašo sposobnost, da vedno znova zmorete pogledati globoko vase in živeti v skladu s tem, kaj tam najdete. Verjetno je bistvo življenja ravno v tem, da izživimo to, kar je v naši duševnosti, in da ne postanemo lutke, ki jih vodijo pričakovanja drugih.

17 točk ali več :

Vaše življenje je polno aktivnosti in smisla. Občutek imate, da krivice lahko popravite, pa čeprav se vaša moč pri tem izkaže kot kapljica v morje. Sprejemate dejstvo, da se v življenju preprosto pač morate ukvarjati z določeno mero nesmisla in rutine. Zmorete se vživeti v druge ljudi in jih razumeti. Ker kažete svoja prava čustva in misli, vas tudi drugi lahko razumejo. Trudite se, da ne postanete žrtev popolnosti, ki je zaželena v današnji družbi. Dovolite si tudi spodrsljaje in neumnosti. Znate poskrbeti za svoje notranje ravnotežje.

Sem zrela osebnost?

Razvoj osebnosti je proces, ki v največji meri poteka do sredine dvajsetih let, traja pa vse do smrti. Vsak dan vidimo ljudi v zrelih letih, ki se obnašajo nezrelo, kot da niso uspeli prerasti otroških načinov reagiranja.

Ta test lahko rešite zase ali pa ocenite na njemu osebnostno zrelost vašega partnerja, sodelavca... Zanimivo je, če partnerja primerjata rezultate.

1) Imam smisel za dobronamerni humor.   **DA NE**

2) Našel sem svoje področje, na katerem sem   **DA NE**
lahko ustvarjalen.

3) Imam globoko potrebo, da bi samega sebe   **DA NE**
bolje spoznal.

4) Zmorem se osredotočiti na nek problem in   **DA NE**
pri tem pozabiti na vse ostalo.

5) Večina ljudi meni, da sem v redu. **DA NE**

6) Občasno občutim potrebo po samoti. **DA NE**

7) Iz svojih napak se zmorem tudi ponorčevati. **DA NE**

8) Ne maram pretirano gotovost, načrtnost in **DA NE**
red; rad imam tudi spontanost.

9) Na svetu je več slabih kot dobrih ljudi. **NE DA**

10) Toplo mi je pri srcu, ko sem med ljudmi. **DA NE**

11) Druge ljudi ne obremenjujem s pretiranimi **DA NE**
izrazi ljubezni, privrženosti, zvestobe.

12) Zdi se mi, da nikoli ne bom vedel dovolj. **DA NE**

13) Moje spolno življenje je zadovoljujoče. **DA NE**

14) V neznanih situacijah me strah ne **DA NE**
paralizira.

15) Tudi če vsi trdijo eno sem pred vsemi **DA NE**
sposoben zagovarjati svoje drugačno mnenje.

16) Zanima me, kaj se dogaja drugod po **DA NE**
svetu.

17) Novo in neznano me je vedno pritegovalo. **DA NE**

18) Čutim, da me ljudje imajo radi. **DA NE**

19) Čutim, da se lahko zanesem na samega **DA NE**
sebe.

20) Večkrat me prevzame občutek **NE DA**
ogroženosti.

21) Svoje delovne obveznosti zmorem brez **DA NE**

večjih težav.

22) Čeprav se z nekom globoko ne strinjam ga   **DA NE**
zmorem spoštovati kot človeka.

23) Imam dober občutek za dobro in slabo v   **DA NE**
vsakdanjem življenju.

24) V glavnem sebe in druge sprejemam   **DA NE**
takšne, kot smo.

25) V življenju sem se naučil ljudi in situacije   **DA NE**
dobro oceniti.

Rezultati

Seštejte obkrožene odgovore leve kolone. Če ste dosegli mejno število točk preberite tudi sosednji odgovor.

17 TOČK ALI VEČ

Ste zrela osebnost, na kar kaže več vaših značilnosti. Zmorete ustrezno razumeti realnost in s svojim okoljem imate dobre odnose. Sprejeli ste sebe, s tem pa tudi vaše soljudi, takšne kot ste. Ste spontani, ustvarjalni, vaše mišljenje pa je dovolj disciplinirano, da se zmorete osredotočiti na problem. Ob tem, da imate sami sebe radi in sebe globoko doživljate, pa potrebujete tudi druge ljudi. Ne marate ukazovanja, a se tudi ne podrejate. Vse ljudi spoštujete ne glede na to, če se od vas razlikujejo. Ste kreativni in se v vseh situacijah hitro znajdete. Ste človek, ki si ga vsakdo želi imeti ob sebi.

OD 10 DO 17 TOČK

Nihče ni popoln in tako se tudi vi zavedate svojih osebnostnih pomanjkljivosti, ki vam grenijo življenje. Se jezite nad tem, da prehitro izgubite nadzor nad svojim vedenjem in ste včasih videti neumno? Ste plašni v kontaktih z drugimi? Si včasih ne upate izkoristiti priložnosti, ker vas je strah, potem pa vas popade sveta jeza nad seboj? Nič hudega, v sebi imate dovolj zmožnosti, da boste premagali vaše nezrelosti. Kar sedaj si naštejte, kje vse ste uspešni, da si okrepite samozavest. Po drugi strani pa se načrtno začnite ukvarjati s svojimi problemi: vedno, ko naredite kaj nezrelega, takrat se ustavite in se vprašajte, kako bi to lahko naredili bolje. Videli boste, da vam bo uspelo in kmalu boste veliko bolj zadovoljni sami s seboj.

9 TOČK ALI MANJ

Zdi se, da ste v mnogih pogledih ostali otrok. Vse bolj se tudi sami zavedate, da ne zmorete živeti tako, kot je značilno za osebnostno dozorele ljudi. Vse preveč vidite samo sebe in svoje probleme, norčujete se iz slabosti drugih ljudi, zmorete se zabavati, delo pa vam je nekaj najbolj zoprnega in v njemu ne najdete nobenega zadovoljstva. Ste prepirljivi in hitro zamerite.

No, za razvoj svoje osebnosti nikoli ni prepozno, le odkriti morate biti sami do sebe in si znati dobro prisluhniti. Brž ko začutite, da ravnate otroško in nezrelo se ustavite in se vprašajte, kako bi to lahko bolje naredili. To je zagotovo naporno in predvsem zelo dolgočasno, a vam kaj drugega ne preostane. Rezultati se bodo hitro prelevili v zadovoljstvo, ki ga do sedaj še niste poznali: sreča samospoznavanja in osebnega razvoja.

Sem umetniška duša?

V naši duševnosti se skrivajo posebno dragoceni kotički, ki lahko pridejo na dan skozi pesmi, slike, pisanje - ali pa za vedno ostanejo skriti v globinah naše duševnosti.

Ste med srečneži, ki svoja najgloblja čutenja lahko izrazijo? Ali pa ste bolj človek, ki mu ne uspe svoje duše izraziti navzven?

No, rešite ta test in ugotovite ali se v vas morda skriva umetnik!

1) Mislim, da sem človek z nežno dušo in da vidim stvari, ki drugim niso dostopne.   NE DA

2) Včasih si želim, da bi bil znan igralec ali pevec.   NE DA

3) Ko gledam kak sentimentalni film se mi   NE DA

pogosto vlijejo solze.

4) Včasih čutim močno željo, da bi napisal
pesem, narisal sliko, prebral kako dobro
knjigo...   NE DA

5) Umetnost in kulturo bi morali financirati iz   NE DA
denarja davkoplačevalcev.

6) Vem kaj se dogaja v lokalnem gledališču.   NE DA

7) Ob kakem posebnem doživetju včasih   NE DA
napišem pesem.

8) Raje imam trenutno popularne hite kot pa   DA NE
klasiko.

9) Bolj verjamem v sanje kot v resničnost.   NE DA

10) Sram me je priznati, da je v meni tudi   DA NE
nežna umetniška stran.

11) Pravzaprav me zgodbe in pesmi, ki sem jih   DA NE
bral, nikoli niso zares ganile in pritegnile.

12) Užitek lahko najdem le v konkretnem   DA NE
vsakodnevnem življenju in nikjer drugje.

13) Umetniki so navadno psihiatrični primerki.   DA NE

14) Rad hodim na razstave in druge kulturne   NE DA
prireditve.

15) V umetniških delih ne najdem nobene   DA NE
vsebine in smisla.

Rezultati

Seštejte odgovore v levem stolpcu.

5 točk ali manj: ste umetniška duša

Velikokrat čutite potrebo, da bi se izrazili. Morda kar naenkrat pred seboj na listu papirja zagledate abstraktno risbo, ki ste jo narisali med tem, ko ste po telefonu opravljali nadležni pogovor, in potem ugotovite, da se v tem izdelku odraža vaše duševno stanje ob tem telefonskem klicu? Ali pa napišete pesem, ko ste posebno srečni ali žalostni? Se zamislite ob kakšnem čudovitem utrinku narave in ga hočete ovekovečiti? Gotovo radi hodite v gledališče in prebirate dobre knjige. Na vsak način ste vsaj potencialni umetnik. Ne dovolite da trdi vsakdan zatre umetniško lepoto vaše duševnosti. Poskusite načrtno razvijati svoje umetniške sposobnosti.

Od 6 do 10 točk: umetnost da, a ne preveč

Le občasno vas kakšno doživetje zanese iz trde realnosti v svet umetnosti, ki pa se vam vedno do neke mere zdi tuj. Niste človek, ki bi svoja občutenja hoteli opredmetiti v pesmi, risbi ... Tu in tam pa se vam zgodi kak "spodrsljaj"; morda spotoma narišete kako risbico, ki vam še dolgo ostane v spominu, ker tako zelo dobro odraža to, kar čutite. Sposobni ste umetniškega doživetja, po katerem se počutite bogatejši. Sami niste najbolj umetniška duša - raje uživate v umetnosti drugih.

11 točk ali več: umetnosti ni na seznamu vaših vrednot
Umetnost za vas ne obstaja. Opera in debeli romani, to vse so za vas samo neumnosti, ki jih počnejo ljudje, ko imajo preveč časa. Beseda "umetnik" ima za vas enak pomen kot norec, zavoženec in življenski iztirjenec. Nič koristnega, skratka. Gotovo ste človek, ki vidi le malo odtenkov pestrega življenja in zato drobljenja te za vas enostavne realnosti ne morete razumeti. Nič hudega, za to se vam ni treba sramovati – verjetno se bolje kot kak umetnik znajdete v vsakdanjem življenju. Vseeno pa poskušajte biti do umetnosti bolj tolerantni in je ne zaničujte.

Samouničevalnost

Z avestno si ljudje večinoma prizadevamo, da bi delovali konstruktivno in zase čim bolje poskrbeli. Številni ljudje pa, ne da bi se tega zavedali, počnejo stvari, s katerimi samemu sebi preprečujejo srečo.

Ste tudi vi med ljudmi, ki si nezavedno kopljejo jamo?

1) Včasih zapadem v obdobja, ko mi je za vse vseeno. **DA NE**

2) Najraje bi kar zaspal in se umaknil od vsega. **DA NE**

3) Želel bi skakati iz letala s padalom. **DA NE**

4) Misel na samomor mi je tuja. **NE DA**

5) Ljudje na splošno preveč pazijo, da se jim kaj ne zgodi. **NE DA**

6) Večkrat sem že bil "do konca" pijan. **DA NE**

7) Ko vozim avto čutim da moj občutek za **DA NE** nevarnost občasno kar izgine in takrat na cesti počenjam prave neumnosti.

8) Narkomani ne morejo uvideti, kako si **NE DA** škodujejo.

9) Življenje tako in tako nima smisla. **DA NE**

10) Čeprav vem da ni res sem prepričan, da se **DA NE** meni ne more nič hudega zgoditi.

11) So obdobja, ko opustim vse napore in se **DA NE** neham "braniti" pred nevarnostmi in pastmi življenja.

12) Uspešnejši sem, kot si to v resnici **DA NE** zaslužim.

13) Včasih si po tihem želim, da bi enostavno **DA NE** znorel.

14) Zase lahko rečem, da v življenju znam **NE DA** doseči svoje cilje.

15) Prej bi dal svojo glavo kot glavo koga **DA NE** drugega.

16) Čeprav sem si nekaj zelo želel me tik **DA NE** preden to dosežem prevzame neka pasivnost, moj notranji saboter.

17) Dobro razumem človeka, ki opusti študij tik **DA NE** pred zadnjim izpitom.

18) Večkrat imam občutek, kakor da sem   **DA NE**
nesmrten.

19) Prepričan sem, da moji spolni partnerji   **DA NE**
nimajo AIDS-a.

20) Alkoholike bi morali na nek način   **NE DA**
kaznovati.

21) Če bi čutil, da me ima kdo rad, bi bolj pazil   **DA NE**
nase.

22) Rusko ruleto igrajo samo popolni bedaki.   **DA NE**

Rezultati

Točke izračunate tako, da seštejte odgovore v desni koloni.

7 točk ali manj: življenje vam teži živahen notranji saboter

Zdi se smešno, toda vi sami sebi (ne da bi to hoteli) nezavedno preprečujete uspeh, srečo in zadovoljstvo. Ko si neko stvar želite, si začnete zanjo zelo prizadevati - do tukaj je vse v redu. Ko pa ste tik pred ciljem pa se zdi, da vas obsede nek hudič, pred katerim ste nemočni. Kar na vsem lepem naredite nekaj, kar poruši učinke vašega dosedanjega truda in vas privede do neuspeha. Na primer, marljivo se dneve in dneve učite za izpit, dan pred izpitom pa se napijete in se naslednji dan zato ne morete zbrati.

Vzroki takega vašega vedenja so zelo globoki. Morda vas dajejo močni občutki krivde, ko kaj dosežete, in se sprašujete, če ste si vi to zares zaslužili. Morda ste navajeni le na grajo in se bojite pozitivnega odgovora vašega okolja? Se bojite pohvale?

Ne glede na to zakaj se sabotirate - ko vas prevzamejo občutja razdiralnosti tik preden ste nekaj dosegli, se poskusite ustaviti in razmisliti o smiselnosti vašega početja. Poskusite se zavestno podati na bolj konstruktivno pot. Verjemite, da ste kot človek vredni in da si zaslužite ves uspeh.

Od 8 do 15 točk: z vašim notranjim saboterjem se znate spoprijeti

Včasih sami ugotavljate, kako zelo ste lahko samemu sebi največji sovražnik. Čeprav si nekaj zelo želite in se za ta cilj zelo trudite, ga neredko na koncu ne dosežete - krivi pa ste sami. V vas so prisotna blažja občutja krivde, kakor da si nečesa ne zaslužite. Kakor da uspeh ne sodi v vaše življenje...

Vaša prednost pa je, da znate saboterja v sebi tudi

prepoznati in mu nikakor ne puščate prostih rok. Večinoma ga zalotite še preden vam utegne škodovati. Potrudite se in vztrajate v trenutkih, ko čutite, da bi lahko naredili kako neumnost na poti do cilja, razmislite o bolj konstruktivnem načinu. S tem si boste vedno bolj krepili tudi vašo včasih zamajano samozavest. Manj dvomite vase!

16 točk ali več: nimate notranjih zavor za srečo
Za vas lahko rečemo, da sami sebi niste prepreka na poti do sreče. Ko si nekaj želite, to tudi dosežete. Vedno znova se lahko zanesete nase. Ne poznate občutka, da bi samega sebe ustavili na poti do sreče. Privoščite si uspeh in srečo, ne zdi se vam, da je to nepošteno do drugih. Hkrati ne sodite med ljudi, ki se ne znajdejo ob pohvali: sprejeti znate tako občudovanje, kot grajo. Vaša notranja pot do sreče in uspeha je povsem odprta; ovirajo vas lahko le zunanji dejavniki.

Medosebni spori

*L*judje medosebne spore rešujemo na različne načine. Za vsakega posameznika je zelo pomembno, da se zaveda, katere strategije pri tem najpogosteje ubira sam. Rešite ta vprašalnik in se ob rezultatih zamislite o tem, ali bi morda lahko uporabljali še kak drug način ravnanja v medosebnih sporih.

Ob vsaki postavki si skušajte zamisliti, ali velja za vaš način doživljanja medosebnih sporov.

1) Bolje je imeti pol hlebca, kot pa v sporu ostati praznih rok.   **DA NE**

2) Moč vedno premaga pravico.   **DA NE**

3) Prijazne besede zmehčajo tudi najbolj krutega človeka.   **DA NE**

4) Zmaga pomeni tudi to, da drugega zmelješ   **DA NE**

in uničiš.

5) Najboljše je, da se o problemih pogovarjaš. **DA NE**

6) Če ne gre z lepim - bo pa šlo z grdim! **DA NE**

7) Bolje je preprečiti prepir, saj se je iz njega **DA NE**
včasih težko umakniti.

8) Prijaznost je močnejša od grobosti. **DA NE**

9) Že z odločnostjo nasprotnika lahko tako **DA NE**
prestrašiš, da »počepne«.

10) Iskrenost, zaupanje in poštenost – to so **DA NE**
najpomembnejše stvari v življenju.

11) Če ti meni narediš uslugo, bom jo v **DA NE**
pravem trenutku jaz tebi.

12) Konflikte najboljše rešiš tako, da se jim **DA NE**
izmuzneš za vsako ceno.

13) Nič ni tako pomembnega, da bi se za to **DA NE**
bilo zares vredno kregati.

14) Dobro znam »ubiti« nasprotnika s **DA NE**
prijaznostjo.

15) Problema v celoti ne moreš rešiti sam, si **DA NE**
pa lahko del rešitve.

16) Najbolj pravično pravilo je "zob za zob", **DA NE**
»oko za oko«.

17) Bolje se je izogniti ljudem, ki mislijo **DA NE**
drugače.

18) V prepiru je moder tisti, ki prvi utihne. **DA NE**

19) Če te nekdo udari, mu ne vrni enako, **DA NE**
ampak pokaži, da si iz drugačnega testa.

20) Ni nujno, da ima večina prav. **DA NE**

21) Bolje je imeti manj, kot pa hlastati po **DA NE**
preveč.

22) Na svetu sta le dve vrsti ljudi: zmagovalci **DA NE**
in poraženci. Z vsemi sredstvi - tudi z lažjo,
manipuliranjem in škodovanjem drugim - se
borim, da bom med zmagovalci.

23) Prijazne besede veliko dosežejo. **DA NE**

24) Poravnava je vedno poštena, ko oba **DA NE**
popustita.

25) Pogosto koga povabim, da se o težavah **DA NE**
pogovoriva.

Rezultati

Pred vami je pet različnih načinov reševanja medosebnih sporov in pri vsakem so navedene številke vprašanj, za katera seštejete število DA-odgovorov.

Za vsak način lahko dosežete največ pet točk.

5 točk pomeni, da ta način reševanja konfliktov zelo pogosto uporabljate, 3 točke da ga uporabljate srednje pogosto in 0 točk, da ga sploh ne uporabljate.

Oba »malo zadovoljna in malo razočarana« (1, 11, 16, 21, 24)

Ker hočete doseči svoje in hkrati ne pokvariti odnosa s sočlovekom ste razvili prav zvite strategije iskanja rešitev, ki bi zadovoljile obe strani. Pripravljeni ste se delno odpovedati svojim ciljem in prepričati drugega, naj stori podobno. Iščete rešitve, s katerimi bi obe strani nekaj pridobile, čeprav rešitev tako za nobeno stran ni ravno idealna. Za tako rešitev je potrebno veliko truda in čas.

Nasvet: če ste dosegli več kot dve točki razmislite o tem, ali se vam pri za vas zelo pomembnih ciljih ne bi splačalo vztrajati pri cilju – in pač poslabšati odnos, ki za vas ni tako zelo pomemben? In obratno: mar se ni bolje izogniti kreganju zaradi neke malenkosti, če vam je odnos zelo pomemben? Kompromis je lahko koristen takrat, kadar sta cilj in tudi človeški odnos manj pomembna in ko kaže, da ni rešitve, s katero bi bile zadovoljne obe strani.

Samo da sva si dobra! (3, 8, 14, 19, 22)

Bolj pomembni so vam človeški odnosi, kot pa doseganje ciljev preko trupel. Najvažnejše vam je, da vas vsi imajo radi. Zdi se vam, da vsak konflikt lahko izniči ali pokvari odnos in zato se prehitro odrečete želenemu. V zmotnem prepričanju, da s tem rešujete nek odnos, ste se sposobni odreči tudi svojim ciljem (npr: ne greste v večerno šolo, ker partner vztraja na tem, da zvečer ne bo sam). Če ste tukaj dosegli več kot dve točki, poskusite še bolj vztrajati pri svojih ciljih, mnenjih, čustvih... Nobeden odnos ni vreden tega, da se zanj prodate. Cilju se je smotrno odreči zgolj takrat, ko je nek odnos zares bolj pomemben kot cilj.

Proces reševanja spora odnos še poglobi (5, 10, 15, 20, 25)

Za vas rešitev konflikta pomeni, da sta na koncu oba udeleženca zadovoljna. Konflikte doživljate kot možnosti za izboljšanje in poglabljanje odnosa, ne bojite se jih in se jim ne izmikate. Ne sprejmete drugačno rešitev kot tako, ki zadovolji obe strani in pomeni tudi razrešitev čustvene napetosti. Temeljito pogovarjanje je ustrezno v primerih, ko sta enako pomembna človeški odnos kot sam cilj, ki ga želimo doseči.

Izničiti nasprotnika (2, 4, 6, 9, 22)

Sogovornika skušate obvladati s silo in ga prisiliti, da bo zaplul v vaši smeri. Odločeni ste, da svoje dosežete za vsako ceno. Drugi ljudje vam niso tako pomembni: vidite le svoje cilje. Še na kraj pameti vam ne pride, da bi drugim želeli ugajati. Vedno želite biti zmagovalec za vsako ceno, saj vam le zmaga daje občutek uspeha in samozavesti. Če ste tukaj dosegli več kot dve točki razmislite o načinih doseganja ciljev, ne da bi ob tem popolnoma izničili in povozili vaše soljudi. Nasprotnika je smiselno »povoziti« le, ko je v poslovnih cilj zelo pomemben, za odnos pa nam ni mar. Pazite, da se na vrhu ne boste znašli sami.

Za nič na svetu ne želim spora (7, 12, 13, 17, 18)
Navadno se umaknete vase in se na vsak način poskušate izogniti sporu. Konfliktu se izognete tudi v primeru, ko to pomeni odrekanje ciljem in osebam, ki so za vas pomembni. Prepričani ste, da se nikoli ne splača iti v spor, da bi tako rešili nek problem. Seveda se ob takem načinu reševanja konfliktov počutite izredno nemočne in ranljive, občutek imate, da drugi obvladajo vaše življenje. Polni ste jeze do drugih ljudi, ki pa je v resnici jeza na svojo nezmožnost, da se uveljavite. Če ste dobili več kot dve točki, potem se zavestno potrudite, da si boste zmogli kakšno stvar tudi izboriti. Morate se potruditi, da dosežete za vas pomembne cilje.

Sem priljubljen?

V si damo nekaj na to, ali nas drugi imajo radi in kaj si mislijo o nas. Ste prepričani, da vas nihče ne mara? Menite, da vas drugi imajo radi kar tako, brez da kaj naredite? Rešite ta test in se ob rezultatih zamislite nad tem, kaj lahko naredite, da vas bodo ljudje imeli raje in da hkrati sebe ne boste prodali njihovim pričakovanjem...

1) Drugi ljudje o meni mislijo da sem

- v glavnem okej, da pa imam tudi   **4**
  svoje slabe dni.

- nesramen in egoističen, čeprav to   **0**
  ni res.

- vedno dober, razumevajoč in   **2**
  pošten.

2) Rad sem v centru pozornosti.

- Nikoli, to ne velja zame!   0
- Saj to je največji užitek, ko si center   4
  dogajanja!
- Tu in tam, ko se počutim   2
  močnega…

3) Ljudje me imajo radi.

- Da.   4
- Včasih... Ne vem.   2
- Ne, a si to želim.   0

4) Ljudje, s katerimi sem imel v življenju
opravka, so

- v glavnem nesramni in polni   0
  zavidanja.
- dobri in slabi, kot je to v življenju.   4
- zanesljivi in dobri.   2

5) Zalotim se, da sem zaljubljen v ves
svet.

- Da, pogosto.   4
- To se mi je zgodilo le nekajkrat.   2

- Ne, ta svet je do mene nesramen in 0
  ga ne maram.

6) Rad imam krute šale na račun drugih.

- Da, naj te hudobe dobijo svoje. 0
- Ne. Nihče si tega ne zasluži. 4
- Ne, a si ob priliki ne morem 2
  pomagati, da ne bi ob šalah na
  račun drugih užival.

8) Vaš prijatelj v družbi pove ponesrečeno
šalo. Kaj naredite?

- Vljudnostno se poskušam čim bolj 4
  smejati.
- Smejim se le, če je šala zares 2
  smešna.
- Ponorčujem se iz njegovega smisla 0
  za humor in ga spravim v še večjo
  zadrego.

9) Verjamem v ljudi in njihovo dobroto.

- Da. 4
- Včasih pa res. 2

- Ne, to bi bilo naivno. Človek je   **0**
  človeku volk.

10) Svoje probleme navadno rešujem

- sam.   **0**
- vedno v pogovorih s prijatelji.   **2**
- včasih s prijatelji in včasih sam.   **4**

11) Ste sposobni v skupini drugače mislečih vztrajati pri svojem?

- Trudim se, vendar me je pogosto   **2**
  strah, da me ne bi odklonili.
- Da.   **4**
- Ne, raje popustim, le da me   **0**
  sprejmejo medse.

12) Za moj značaj je značilno,

- da nikoli ne pozabim krivice in da   **0**
  se ne pustim "voziti".
- da se vedno prilagodim ljudem, s   **2**
  katerimi sem trenutno.
- da hitro odpustim ter da sem   **4**
  hvaležen in razumevajoč.

13) Zunanjost človeka mi pomeni

- malo, saj je pomembnejše tisto v   2
  duši.
- veliko, vendar za globok odnos to ni   4
  dovolj.
- veliko, saj videz telesa in obleka   1
  povesta vse.

14) Čutim, da si ljudje upajo biti do mene
odkriti.

- Ne.   0
- Včasih.   2
- Praviloma.   4

15) Menim, da bi se morali vrniti časi
stroge morale in spolne vzdržnosti.

- Ne, to človeka preveč utesnjuje.   2
- Morda, vendar le omejeno in na   4
  določenih področjih.
- Da.   0

16) Zdi se mi, da samega sebe znam

najbolj osrečiti.

- Da.   0
- Da, ko me razočarajo drugi in se   4
  zaprem vase.
- Nikakor.   2

Rezultati

Seštejte obkrožene točke in poglejte v rezultate!

21 točk ali manj

Nekateri ljudje potrebujejo druge tako rekoč za preživetje. Vi pa sodite med tiste ljudi, ki so v veliki meri samozadostni in ki ne kažejo potrebe po prijateljstvu in družabnosti. Samemu sebi ste najboljši prijatelj, zanesete se le nase. Delavni ste, učinkoviti, uspešni in dosegate zavidljive rezultate v šoli ali v službi. Drugi ljudje vas spoštujejo, nimajo pa vas radi. Ko se vam približajo, takoj zaznajo vaše nezanimanje in se odmaknejo, čuteč, da jih ne marate. Če ste v svoji samozadostnosti srečni - prav! Če pa vas vaša osamljenost boli in si želite, da bi vas drugi imeli radi, potem morate nekaj storiti. Najprej si zavestno druge ljudi predstavljajte kot prijazne in vredne zaupanja. Kot otrok ste se namreč naučili, da od drugih pride le slabo in čeprav danes veste, da ni tako, ne morete iz starih čevljev. Poskušajte nekomu izpovedati svoje težave. Morda je ravno to vaša pot do drugih ljudi. Do srca drugih ne vodi neranljivost in popolnost, ampak človečnost – polna napak in vprašanj.

Od 22 do 43 točk

Ljudje nimajo jasne slike o vas: včasih se jim zdite prijateljski, prijazni in odkriti, drugič pa vas doživljajo kot egoističnega sebičneža, ki se ga je treba paziti. Zaradi vašega strahu, da vam kaj v življenju utegne spodrsniti, včasih skušate želeno doseči dokaj neobzirno in z metodami "slona med porcelanom". Tisti, ki vas poznajo, vedo, da ste dober prijatelj ali sodelavec, le da ste pač včasih preveč zagreti in s tem grobi. In kaj lahko naredite, da vas bodo ljudje imeli še raje? No, najprej se naučiti zaznati situacije, ko vas strah pred neuspehom pri delu ali v šoli požene v komolčenje in netaktnost do drugih. Potem se ob takih situacijah zavestno ustavite in pazite na to, da boste vaše vedenje spremenili tako, da boste za vaše soljudi prijaznejši. Uspelo vam bo, le vztrajati morate.

Več kot 44 točke

Med vami in vašimi soljudmi obstaja pravi ljubezenski odnos. Do vseh ste to, kar ste. Priljubljeni ste med člani vaše družine, med prijatelji in med sodelavci. Zares ste lahko zadovoljni, da vas imajo ljudje tako radi. Toda za to ste zaslužni tudi sami: s svojo toplino, smislom za humor, pripravljenostjo za pomoč in predvsem s svojim živim interesom za vaše soljudi. Ljudje se v vaši družbi dobro počutijo in gotovo nikoli ne boste osamljeni. Radi vas imajo predvsem zato, ker se ne sprenevedate, ker zmeraj poveste resnico, kar pa je temelj dobrih medčloveških odnosov.

Pazite le, da ne boste kdaj nosa zavihali previsoko in s tem uničili osnove za dobre odnose z ljudmi.

Sem dober prijatelj?

Vsi vemo, da so odnosi z ljudmi in prijateljstva pomemben vir življenjskega zadovoljstva. Pomagajo nam skozi težke čase in omogočajo, da se ob trenutkih naše sreče veseli še kdo. Gre za dajanje in sprejemanje duševnih zakladov. Odgovorite na naslednja vprašanja in preberite, kakšen prijatelj ste. Nato se zamislite o tem, kaj lahko naredite, da bi še bolj izpopolnili vašo umetnost prijateljevanja.

1) Svoja čustva, bodisi pozitivna ali negativna, drugim ljudem le s težavo razkrijem. **DA NE**

2) Prijateljem ne smeš hitro zameriti. **NE DA**

3) Ne grem se igrice "kdo bo koga povabil"; ne moti me, če iniciativa večkrat pride iz moje **DA NE**

strani.

4) Še vedno mi je dobro prijateljstvo na koncu prineslo razočaranje. **NE DA**

5) Od prijateljev zahtevam popolno zvestobo. **NE DA**

6) Nihče me ne razume tako, kot bi si želel. **NE DA**

7) Večina ljudi je dobrih in ne želijo drugim nič slabega. **DA NE**

8) Imam najmanj enega prijatelja istega spola. **DA NE**

9) Moji prijatelji se razumejo z mojo družino. **DA NE**

10) Vedno raje delam sam kot pa s prijateljem. **NE DA**

11) Prijatelje vedno zanima, kaj ta trenutek počnem. **DA NE**

12) Nimam talenta za stike z ljudmi in za pridobivanje prijateljev. **NE DA**

13) Sem človek, ki ga drugi ne zapustijo kar tako. **DA NE**

14) Dober prijatelj lahko postane najhujši sovražnik. **NE DA**

15) Najbolj se sprostim, ko sem sam s seboj. **NE DA**

16) Na splošno lahko za ljudi rečem, da so "svinje". **NE DA**

17) S prijatelji nikoli nisem preveč zaupen. **NE DA**

18) Ob vsaki težavi mi ob strani stoji prijatelj. **DA NE**

19) V glavnem mi prijatelji zares želijo dobro. **DA NE**

20) Moji prijatelji natančno vedo, kako bom v **DA NE**
neki situaciji reagiral in kaj bom o neki stvari
mislil.

21) V trenutkih, ko nujno potrebujem pomoč, **DA NE**
se na svoje prijatelje lahko zanesem.

Rezultati

*Točke izračunate tako, da seštejete obkrožene
odgovore leve kolone.*

8 točk ali manj

Umaknili ste se v svoj kot. Od tam z zavidanjem
opazujete srečo drugih ljudi in se smilite samemu sebi.
Sanjate o idealnih prijateljih in se jezite, ker nobeden tak
ne pride k vam. Prekinite ta začaran krog in postanite
aktivnejši. Poskusite sami pristopiti k človeku, ki vam je
všeč. Stik vzpostavite s pogovorom o temah, ki ga
zanimajo. Zavedajte se, da je prijateljski odnos kot lepa
in občutljiva roža: neprestano jo je treba negovati. Ne
pogovarjajte se le o snegu in politiki. Razkrijte nekaj
svojih ranljivosti in se pokažite kot čuteče in pozorno
bitje. Poskušajte se vživeti v kožo prijatelja in njegove
probleme obravnavati kot svoje. Predvsem pa vsak dan

vadite v spretnosti osvajanja ljudi, ne da bi se pri tem odrekli zvestobi do samega sebe. Preberite morda kako še knjigo o tem, kako si pridobiš prijatelja. S sanjami ne boste uresničili svojih želja...

Od 9 do 15 točk

Prizadevate si, da bi bili prijeten prijatelj in da bi drugim z vami bilo lepo. Seveda so vaša prizadevanja obrodila sadove, prizadevati pa si morate še naprej. Največje težave vam povzroča vaš perfekcionizem: takoj ko opazite pri drugemu kakšno napako vas ta začne tako motiti, da se takoj odvrnete od njega. In ko vam že uspe vzpostaviti pristen prijateljski odnos, potem ga vzamete kot danega in si nehate prizadevati zanj. Toda prijateljstvo brez nenehnih novih vlaganj hitro ugasne. Morda pa imate nekaj težav z intimnostjo in z razkrivanjem svojih pravih in skritih čustev? Se bojite priznati svoje slabosti - prijatelj pa vas zato doživlja kot trdega in rigidnega človeka? Ta strah lahko premagate edino tako, da se s prijateljem pogovorite o svojih slabostih. Ko bo tudi prijatelj vedel zanje se boste počutili močnejše in ne ranljivejše: napake lahko priznajo le močni ljudje. Razmislite o tem in naredite še en korak k prijateljstvu.

16 in več točk

Pri sklepanju novih znanstev in prijateljstev nimate težav. Sposobni ste čustvenega dajanja in čustvenega sprejemanja. Med ljudmi se vedno dobro počutite in ker imate radi ljudi imajo ti radi tudi vas. Ko se vaš prijatelj znajde v težavah lahko pozabite na svoje probleme in se znate popolnoma posvetiti pomoči drugemu. Toda to ni le golo razdajanje za sočloveka, saj s trenutki, ko živite za prijatelja, tudi vi veliko pridobite: gre namreč za veliko zadovoljstvo, da ste nekomu naredili nekaj lepega in ga osrečili. Ker vas ljudje zaradi vaše prisrčnosti in odkritega zanimanja zanje imajo zelo radi, se tudi potegujejo za vaše prijateljstvo. In tukaj tiči past: utegne se zgoditi, da boste imeli preveč prijateljev. Pazite torej, da vaše kvalitete ne zvodenijo skozi kvantiteto prijateljstev.

Znam ravnati z ljudmi?

S pretno ravnanje z ljudmi je v času podjetništva in privatne iniciative postalo še posebej pomembno. Pa ne le v poslovnem, tudi v privatnem življenju so dobro razvite socialne spretnosti ključ do sreče v prijateljskih in ljubezenskih odnosih. Gotovo se sami vsaj delno zavedate svojih prednosti in pomanjkljivosti v vašem načinu ravnanja z ljudmi.

Ob tem, ko boste odgovarjali na vprašanja in kasneje brali rešitev vprašalnika, pa imate priložnost o tem premisliti še natančneje.

1) Vesel sem, ko lahko drugega pohvalim.   **DA NE**

2)Pogosto komu omenim, da je spolno   **DA NE**

privlačen.

3) Veliko govorim o svojih dosežkih in uspehih. **NE DA**

4) Vedno poudarim pomembnost tistega **DA NE** področja, na katerem se moj sogovornik počuti močnega.

5) Imena si vedno skušam dobro zapomniti. **DA NE**

6) Skoraj ne prenesem dejstva, da so drugi v **NE DA** nekaterih rečeh veliko boljši od mene.

7) Nasprotnega stališča sogovornika ne **DA NE** zasmehujem.

8) Sobesednika znam pozorno poslušati in **DA NE** počakati s svojim mnenjem.

9) Ko se hočem nekomu približati veliko **DA NE** govorim o stvareh, ki so všeč njemu.

10) Svoje napake odkrito priznam in se v tem **DA NE** pogledu ne sprenevedam.

11) Ukaze dajem neposredno ("Morda bi bilo **DA NE** bolje, če bi...).

12) Pogosto mi uspe da sovražno **DA NE** nastrojenega človeka s pohvalo in šarmom spremenim.

13) Pogosto poudarjam poštenost in **DA NE** resnicoljubnost ljudi.

14) Svoje želje znam drugemu predstaviti kot **DA NE**

da so njegove

15) Pogovore vedno začenjam s kako   **DA NE**
pozitivno in "nenaporno" temo.

16) Zavedam se, da smo vsi ljudje zelo   **DA NE**
dovzetni za komplimente.

17) Vedno govorim o ljudeh le to, kar je v njih   **DA NE**
dobrega.

18) Pogosto v pogovoru omenim ime   **DA NE**
sogovornika.

19) Za ljudi se zares od srca zanimam.   **DA NE**

Rezultati

Seštejte obkrožene odgovore v levi koloni.

6 točk ali manj

Do drugih ljudi se obnašate kot slon med porcelanom. Pogosto se jezite, ko tako težko dosežete svoje. Ste človek, ki je živel bolj odmaknjeno življenje in se ni imel priložnosti naučiti, kako se pametno ravna z ljudmi? No, nikoli ni prepozno. Če še niste umetnik v medosebnih odnosih to lahko postanete. Za začetek se potrudite v soljudeh vedno razbrati nekaj pozitivnega in jim to dajte vedeti. Videli boste, kako hitro bodo vaše želje padle na plodna tla. In predvsem, nehajte nenehno govoriti o svoji popolnosti in nezmotljivosti. In, saj veste, uspeh drugega je trn v vaši peti. Naučite se privoščiti! Spoštujte mnenja in poglede drugega, svoja prepričanja postavite vzporedno s sogovornikovimi in ne nad njih. Zavestno se vadite v spretnosti v medosebnih odnosih in vztrajajte. Zagotovo boste uspeli.

Od 7 do 13 točk

Zavedate se, da dobro znate z ljudmi in jih hitro napeljete v svoje vode. Seveda, zakaj pa ne bi uveljavili tudi svojih želja? Občasno pa se v določenih situacijah med ljudmi enostavno ne znajdete. Takrat je pomembno, da natančno ugotovite, kakšna je situacija, ko vam spodleti. Imate probleme v odnosu do podrejenih? Ste zmedeni v prijateljskih odnosih, ko je težje postaviti mejo med skrbjo zase in zaupanjem? Natančno razmislite in si v mislih vnaprej izdelajte najboljše variante rešitve. Te potem preizkusite, ko se boste znova znašli v odnosu z ljudmi, ki mu niste kos. Dobro že igrate violino, za celovečerni solo koncert vam manjka le še nekoliko vaje.

14 točk in več

Vaše socialne spretnosti ste razvili do zavidljive ravni.

Socialna inteligentnost je vaša velika prednost, znate pa jo tudi izkoristiti za to, da dosežete tisto, kar si želite. Pri tem pa niste nujno manipulativni. Povsem srčno si znate pridobiti ljubljeno osebo, specialist pa ste tudi za prave "mahinacije" v poslovnih stikih. V sočloveku znate spodbuditi simpatijo in ga pripraviti do tega, da se odpravi po poti vaših želja, ki mu jih predstavite kot njegove. Ljudje vas imajo radi in vaši moči se skoraj ne morejo upreti. Vendar pa morate biti pozorni da vas ne zanese in da svojega talenta ne boste prepogosto zlorabljali za manipuliranje z ljudmi, ki so bolj dovzetni za tuje sugestije.

Mi ljudje zaupajo?

Zaupanje je temeljni predpogoj, da se nek odnos sploh začne razvijati. Zaupanje nepravemu človeku in v neprimerni situaciji resda ni koristno. Toda: če nekomu izkažemo zaupanje, obstaja načeloma velika verjetnost, da bo naše zaupanje upravičil.

Kaj pa vi? Ali menite, da vas drugi doživljajo kot vrednega zaupanja? Odgovorite na naslednja vprašanja in razmislite o tem področju svoje duševnosti.

Obkrožite številke pod ustreznimi odgovori (da - ne) oziroma pod ?, če se ne morete odločiti.

	DA	?	NE
1) Drugim nerad pomagam, saj so potem boljši od mene.	0	1	2

2) Med ljudmi sem znan po tem, da sem odprt in iskren.	**2**	**1**	**0**
3) Svojega avta ne bi posodil nikomur.	**0**	**1**	**2**
4) Ljudje na splošno preveč lažejo.	**0**	**1**	**2**
5) V debatnih pogovorih svoje prave misli in čustva raje obdržim zase.	**0**	**1**	**2**
6) Zaupanje nujno privede do izkoriščanja.	**0**	**1**	**2**
7) Zdi se mi neumno ko nekateri ljudje svoja čustva skrivajo za praznim izrazom obraza.	**2**	**1**	**0**
8) Sposoben sem natančno ugotoviti, kdaj je zaupanje na mestu in kdaj ne.	**2**	**1**	**0**
9) Tistim, ki težje izrazijo svoje misli in čustva, rad pomagam.	**2**	**1**	**0**
10) Če si nekdo zapravi moje zaupanje ga nikoli ne bo mogel pridobiti nazaj.	**0**	**1**	**2**
11) Seks je veliko boljši, če si partnerja zaupata.	**2**	**1**	**0**
12) Večkrat ponovim in povzamem to, kar je rekel moj sogovornik.	**2**	**1**	**0**
13) Večina ljudi je takih, da niso vredni zaupanja.	**0**	**1**	**2**

14) Tudi če mi kdo pove kaj intimnega o   **0 1 2**
sebi se mu nisem pripravljen odpreti.

15) Tudi v partnerskem odnosu je bolje,   **0 1 2**
da ima vsak svoje skrivnosti.

16) Svoje šibke plati drugim ne bi pokazal **0 1 2**
za nobeno ceno.

17) Zaupljivost ljudje pogosto zlorabijo.   **0 1 2**

18) Druge ljudi rad ocenjujem.   **0 1 2**

19) Raje sem odmaknjen in zaprt, kot da   **0 1 2**
bi preveč povedal o sebi.

Rezultati

Seštejte številke, ki ste jih obkrožili.

Do 12 točk

Zaupanje je predpogoj za vsak odnos. Ste se že spraševali, zakaj se počutite osamljene in zakaj vam ljudje ne zaupajo? Mar mislite, da se vam bo kdo zaupal, če se vi ob njemu zaprete vase in mu ne poveste ničesar o sebi? Se morda nasploh bojite tesnejšega kontakta, ker ste preveč negotovi vase? Normalno je in vsi čutimo strah, kadar pokažemo drugemu, da smo ranljivi. Potrudite se močneje izražati toplino do drugega, dajte mu vedeti, da ga razumete in podpirate. Če pričakujete, da vam nihče ne bo zaupal, se boste nehote obnašali sumničavo in zadržano. Drugi bo to opazil in vaše pričakovanje se bo izpolnilo: zares se bo odmaknil od vas. Rešitev boste našli v tem, da se bolj potrudite v vsem, kar lahko drugi človek občuti kot sprejemanje in potrditev z vaše strani.

Od 13 do 25 točk

Zaupanje ni nekaj stabilnega in nespremenljivega, glede na vaše razpoloženje vas ljudje zaznavajo kot človeka, ki se mu včasih splača zaupati in včasih ne. Ob vas so večkrat zmedeni, čeprav vedo, da ste vredni zaupanja in da le morajo počakati pravi trenutek. Takrat vi znate sprejeti čustva, misli in probleme drugega, znate se mu posvetiti in mu olajšati situacijo. Po drugi strani pa radi kaj »sčvekate«, ne vrnete sposojeno stvar, ali pa nekomu, ki vam je zaupal, vi zatem povratno ne zaupate. Dobro bi bilo, ko bi bolj verjeli v dobronamernost drugih in zavestno pazili, da upravičite njihovo zaupanje.

26 ali več točk

Sposobni ste zaupati sebi in zato zaupate tudi drugim. Vaši soljudje to čutijo in vas doživljajo kot vrednega zaupanja. Na račun drugih ne zbijate šale, ne ocenjujete jih in neradi moralizirate. Ljudi imate preprosto radi in jih sprejemate takšne, kot so. Če vam kdo razkrije nekaj pomembnega o sebi, ste se mu tudi sami pripravljeni razkriti. Znate izražati toplino, razumevanje, želite si bližine drugih ljudi. Ker pričakujete, da boste z ljudmi v odkritih in prisrčnih odnosih, se drugi tako tudi vedejo do vas. Sodelavci vas imajo radi, saj vedo, da boste zaupano skrivnost ohranili zase. Negujte svojo zaupljivost. Morda bi bilo smiselno tu in tam le malo bolj paziti, da vas ne zanese in da sami o sebi ne zaupate preveč. Drugi vam utegne vrniti z enako mero, preveč zaupanja z druge strani pa vas lahko obremenjuje.

Sem narcisoiden?

*N*arcisizem pomeni zagledanost vase in zaljubljenost v svoje brezmejne pozitivne telesne in duševne lastnosti, ko hkrati ugasne želja še po drugi osebi. Boste tudi vi, tako kot Narcis, preminili zaradi hrepenenja po samem sebi? Če ste pogumni, rešite ta test...

1) Rad masturbiram pred ogledalom. **DA NE**

2) Zdi se mi da sem človek, ki bi mu drugi morali streči. **DA NE**

3) Pravzaprav sem samemu sebi povsem dovolj. **DA NE**

4) Nisem neskromen toda realno opažam, da daleč naokrog ni nikogar tako lepega in popolnega kot sem jaz. **DA NE**

5) Najbolj si želim, da bi drugi uvideli mojo **DA NE**
veličino in se potem do mene primerno
obnašali.

6) Zavedam se, da nikoli ne bom našel **DA NE**
partnerja, ki bi me bil vreden.

7) Drugim je lahko v čast, ko so ob meni. **DA NE**

8) Že brez da bi kaj naredil bi me morali **DA NE**
spoštovati.

9) Veliko časa preživim pred ogledalom. **DA NE**

10) Čutim, da sem eden izmed "izbranih" in **DA NE**
"velikih" ljudi.

11) Spolno me partner ne vzburja toliko, kot me **DA NE**
vzburja pomisel na moje popolno poželjivo telo.

12) Nihče me nima tako rad, kot imam rad **DA NE**
samega sebe.

13) Svojo zunanjo podobo vedno uredim do **DA NE**
najmanjše podrobnosti.

14) Ljudje mi večkrat rečejo, da sem zaljubljen **DA NE**
vase.

15) Moje želje bi morale biti izpolnjene že prej, **DA NE**
kot jih povem.

16) Ti bedaki okrog mene bi me morali **DA NE**
obravnavati kot kralja.

17) Drugi ljudje se ne zavedajo kako **DA NE**

pomembno je, da jaz dosežem svoje cilje.

18) Utruja me, če moram poslušati o drugih. **DA NE**

19) Nekoč se bom opisal v debeli knjigi. **DA NE**

20) Zdi se mi, da imam tudi nekatere **NE DA**
pomanjkljivosti.

Rezultati

Seštejte obkrožene odgovore v desni koloni.

5 točk ali manj: ljubim se, ljubim se,...

Dajte no, nehajte ogledalo siliti, da vam vedno znova govori da ste najlepši, najboljši, najprivlačnejši in da ste krona stvarstva. Poskušajte razumeti, da lahko tudi drugi ljudje imajo kako pozitivno lastnost in da se ne more cel svet angažirati za uresničitev vaših želja. In ne bodite jezni na ljudi zato, ker vas ne obravnavajo kot kralja, čeprav menite, da si vi to zaslužite. Zaprite oči in si zamislite, da niste edini ocvirek na svetu. Poskušajte si vztrajno, dan za dnem, predstavljati, da so tudi drugi lahko lepi, sposobni... in poskušajte se, čeprav na silo, spomniti kake svoje slabosti. Morda boste le ugotovili, da je bolje biti v postelji z nepopolnim človekom, kakor pa početi te stvari sam s seboj pred ogledalom.

Od 6 do 12 točk: ljubim sebe in druge

Ljubezen do sebe in ljubezen do drugih sta pri vas v ravnotežju. Kot v pesmi ljubite ves svet in ves svet ljubi vas. Zavedate se, da imate svoje pomanjkljivosti in se vidite v realni luči. Tudi od drugih ne pričakujete popolnosti, nikoli soljudi ne izrabljate za dosego svojih ciljev. Drugi ljudje so vam enako pomembni, kot ste sami. Ko ste v krizni situaciji si pomagate tako, da iztirite v eno izmed skrajnosti. Včasih malo bolj pogrejete ljubezen do samega sebe in začnete razmišljati če res niste krona stvarstva, drugič pa povsem pozabite nase in postanete ladja, ki pluje na morju drugih ljudi. Vedno pa vam v osnovi uspe ohraniti ravnotežje. Če so vaše točke na tem testu blizu sosednjega odgovora preberite tudi tega zato, da boste vedeli, v kateri smeri bi se lahko izgubili.

Več kot 13 točk: ljubim druge, sebe manj

Ste človek, ki prej vidi dobro v drugih ljudeh kakor v sebi. Ob sebi potrebujete druge ljudi in sebe doživljate tako, kot vas doživljajo drugi. Nikakor niste zaljubljeni vase, sebe sploh ne vidite. Živite skozi druge ljudi in zato nimate svojih ciljev, želja, pogledov na svet in sebe. Dobro bi bilo, ko bi začeli negovati ljubezen do samega sebe in ko bi nekaj pozitivnih čustev, ki jih sedaj usmerjate na druge, usmerili tudi nase. Ste idealen partner, toda partnerska ljubezen zahteva tudi ljubezen do samega sebe. Pazite, da si za partnerja ne boste izbrali narcisa, ki vas bo le uporabil za uresničevanje svojih želja. Do drugih jasno postavite svoje meje, zavzemite se za to, kar je za vas pomembno in se imejte raje!

Avanturizem ali predvidljivost?

*N*ekaterim ljudem je nenehno dolgčas in zato vedno iščejo nova doživetja ter so zmeraj pripravljeni avanturo. Drugim pa se neznano zdi zastrašujoče, vztrajajo pri tem kar dobro poznajo, novostim se izogibajo, avanture zavračajo.

Pa vi? Odgovorite na vprašanja in spoznali se boste še za kanček podrobneje!

1) Večkrat razmišljam, zakaj je svet ravno tak in ne drugačen.　**DA NE**

2) Sanjal sem že o tem, da padam.　**NE DA**

3) Zelo rad opazujem svoje občutke.　**DA NE**

4) Večkrat občutim srečo kar tako, brez razloga.　**DA NE**

5) Čutim se polnega energije.　**DA NE**

6) Slika, ki ne stoji ravno, kaže na nemarnost gospodarja hiše. **NE DA**

7) Branje horoskopov je zguba časa. **NE DA**

8) Bolje je vse postoriti sedaj, da se preveč ne nabere. **NE DA**

9) Ne maram ljudi, ki vedno pridejo z nekimi novimi idejami. **NE DA**

10) Zavračam pogosto menjevanja spolnih partnerjev. **NE DA**

11) Svoje misli zelo rad spravim v red. **NE DA**

12) Rad bi skočil s padalom. **DA NE**

13) Včasih mi je dolgčas in počutim se praznega. **DA NE**

14) Včasih bi rad spal na pesku pod palmami in vedrim nebom. **DA NE**

15) V hiši mora biti vse na svojem mestu. **NE DA**

16) Svet bi moral ostati takšen kot je, ne pa da se spreminja v kaos. **NE DA**

17) Vse preveč čudnega in nenavadnega sem doživel v življenju. **NE DA**

18) Ne ravnam impulzivno in čustveno; vse dobro premislim. **NE DA**

19) Vsakdanji način življenja me počasi ubija. **DA NE**

Rezultati

Preštejte obkrožene odgovore desne kolone!

7 točk ali manj: beg od sebe

Z iskanjem vedno novih doživetij bežite od sebe in od neprijetnih spoznanj o lastni duševnosti. Vsakdanje rutinske obveznosti se vam zdijo preveč zahtevne. Odrinete jih na stran in se ukvarjate z vsem mogočim, da potem neuspeh lahko opravičite z izgovorom, da za vsakdanje stvari vi pač nimate časa. Ustavite se in se zamislite nad tem, zakaj bežite od svojih vsakodnevnih problemov. Če boste bežali od sebe in obveznosti, ki jih prinaša rutina življenja, se zatekali v čar neznanih voda, potem vas življenje utegne utopiti. Sledite čaru neznanega, novega in drugačnega, vendar se tudi potrudite za vsakdanjo rutino. Tako ravnotežje bo okrepilo vaša občutja sreče.

Od 8 do 13 točk: življenjsko ravnotežje

Našli ste ravnotežje med utirjenostjo življenja, ki je potrebna za orientacijo in lažje preživetje, in med novimi doživetji, ki popestrijo vaš vsakdan in vašo duševnost napajajo z vedno novimi vsebinami. Glede na življenjske situacije vas včasih zanese bolj v raziskovanje, avanture, "nered", včasih pa ste kot urejen računalnik in do natančnosti uredite vaše življenje. Tako je prav saj na tak način aktivirate svoje samoohranitvene sposobnosti. Sposobni ste se prepustiti izzivu avanture in neznanega, hkrati pa se zavedate, da varno gnezdo čaka na vas. Življenje doživljate kot zanimivo, čeprav se zavedate, da se rutini pač ne moremo izogniti.

14 točk ali več: človek kot konzerva

Življenje le s težavo obvladujete in ga doživljate ga kot velik napor. Gotovo ste zelo negotovi vase. Želite si, da ne bi nenehno prihajalo do sprememb, saj zanje porabite preveč energije, ker se z njimi ne znate spoprijeti. Toda obvladovanje neznanega in težnja k novemu sta osnovni poti k bogatenju človekove osebnosti. Škoda je, če se človek zapre le v meje znanega in iz sebe naredi trajno konzervo, ki ni prepustna v nobeno smer. Občutek življenjske varnosti vam bodo prinesli uspehi pri soočanju z novimi situacijami, zapiranje v znane sheme bo le še bolj jasno poudarilo vaše občutenje lastne nesposobnosti v soočanju z življenjem. Zato se zavestno potrudite in sprejemajte izzive, ki vam jih prinaša življenje.

Imam pravega partnerja?

*V*si si želimo srečen partnerski odnos, hrepenimo po intimnosti, ljubezni, razumevanju. Seveda pa do te sreče lahko pride le, če smo izbrali pravega partnerja zase.

Če dvomite, ali živite s pravim človekom, potem rešite ta vprašalnik in gotovo boste svojo partnersko situacijo videli jasneje.

1) Imate s partnerjem skupne cilje in želje za prihodnost?

- Da, želiva si podobno prihodnost.   2
- Večinoma, včasih pa imava različna pričakovanja.   1
- Ne, v življenju si želiva drugačne stvari.   0

2) Ljubosumnost razžira najino srečo.

- Pogosto in to je že težko prenašati.　　　0
- Malo, tu in tam, vendar v okviru normale.　　1
- Ne. Sploh pa... Kaj je to ljubosumnost?　　2

3) Probleme nama povzročajo najini starši.

- Nikoli.　　2
- Pogosto in to nama greni življenje.　　0
- Včasih, a to ni pomembno.　　1

4) Drug drugega usodno telesno privlačiva.

- To je osnova najinega odnosa.　　1
- Ne, toda dovolj za dober odnos.　　2
- Ne.　　0

5) Imava tudi skupne prijatelje.

- Da.　　2
- Rada sva sama in nimava prijateljev.　　0
- Ne, a to bi si želela.　　1

6) Drug na drugega se lahko vedno zaneseva.

- Da.　　2
- Ne.　　0

- Da, toda ne v vsem in ne popolnoma. **1**

7) Imam občutek, da s partnerjem v najin odnos prispevava vsak enako.

- Da, vedno tako čutim. **2**
- V to nisem čisto prepričan. **1**
- Ne, zdi se mi da za najin odnos "garam" le jaz. **0**

8) V prostem času imava veliko skupnih interesov.

- Sploh ne. **0**
- Tu in tam se najde kaj, kar naju oba zanima. **1**
- Vse počenjava skupaj. **2**

9) Se zjutraj, ko se neurejeni zbudite, pred partnerjem počutite prijetno?

- Počutim se grozno in takoj letim v kopalnico. **0**
- Da, s partnerjem se sprejemava takšna, kot sva. **2**
- Ne počutim se neprijetno, toda vseeno se takoj uredim. **1**

10) Zdi se mi, da me sreča že kar boli.

- Da, najina ljubezenska sreča mi pomeni vse.   **2**

- Ne, pravzaprav ne čutim kake posebne partnerske sreče.   **0**

- Pridejo obdobja, ko se tako počutim.   **1**

11) Kaj je najvažnejše v vašem partnerskem odnosu?

- Materialna varnost.   **0**

- Občutek varnosti, pripadnosti, da pač niste sami.   **1**

- Nepremagljiva želja, da bi bili s partnerjem.   **2**

12) Denarne zadeve znava dobro rešiti in porazdeliti.

- Vedno, denar ni nikoli predmet spora.   **2**

- Da in ne, včasih se zaradi denarja spreva.   **1**

- Ne, okoli denarja se nenehno prepirava.   **0**

13) S partnerjem imava podoben okus.

- Da, toda sprejemava tudi razlike med nama.   **2**

- Ne, če ima partner rad črno, imam jaz rada belo.   **0**

- Da, prav neverjetno podoben okus imava. **1**

14) Sposobna sva sprejeti tudi slabosti drug drugega.

- Da, v tej smeri se trudiva. **2**
- Ne, s slabostmi drug drugega se ne soočava. **0**
- Včasih že, vseeno pa se raje drug drugemu kaževa v dobri luči. **1**

15) Drug drugemu lahko zaupava tudi najbolj skrite spolne želje.

- Vedno, spontano in brez težav. **2**
- Obzirno, počasi in z nekoliko strahu. **1**
- Nikakor. **0**

16) Med mano in partnerjem je veliko skrivnosti.

- Da. **0**
- Ne. **1**
- Da, toda nekaj pač mora vsak človek zadržati zase. **2**

17) Na obletnice in rojstne dneve

- nikoli ne pozabiva.   2
- vedno pozabiva.   0
- zgodi se, da se včasih ne spomniva.   1

18) Krize v najinem odnosu so

- zelo redke.   2
- občasne in hitro minejo.   1
- pogoste in boleče.   0

19) Skok čez plot.

- S svojim partnerjem sem popolnoma zadovoljen.   2
- Včasih že pomislim na drugega, toda o tem ne razmišljam resno.   1
- Moje misli so pogosto s kom drugim.   0

20) Mnenja drugih ljudi na najin odnos

- sploh ne vplivajo.   2
- včasih imajo kak vpliv.   1
- vplivajo pogosto v veliki meri.   0

21) Čas, ko sva s partnerjem ločena, doživljam kot

- pravo moro. **1**
- čas za sprostitev. **0**
- dejstvo življenja. **2**

22) Drug drugemu pripraviva prijetno
presenečenje.

- Pogosto. **2**
- S tem se ne utrujava. **0**
- Včasih, ob posebnih priložnostih. **1**

Rezultati

Rezultat poiščite glede na seštevek obkroženih
odgovorov!

16 točk ali manj

Gotovo tudi sami čutite, da vaš sedanji partner ni pravi
človek za vas. Morda si še dopovedujete, da je pravi, ker
se bojite ponovne osamljenosti, razočaranja. Toda v
življenju je najbolj zdravo svojim strahovom pogledati v
oči in se z njimi spoprijeti. Kaj če bi naredili naslednje:
vzemite dva lista papirja in na enega napišite vse
razloge, zaradi katerih se je za vašo vezo še vredno

truditi, na drugega pa napišite dejstva, ki kažejo drugače. Pretehtajte situacijo in predvsem ob tem poglejte resnici v oči. Sprejmite odločitev, da se ne boste več mučili v negotovosti in da bo vaše življenje znova dobilo zdrave temelje za naprej. Če boste vztrajali pri neperspektivnem odnosu vam medtem utegnejo uiti priložnosti, o katerih sedaj sanjate.

Od 17 do 30 točk

Za vaš partnerski odnos bi lahko rekli, da po vsej verjetnosti veliko obeta, da pa ga nekaj bremeni. Morda ste vi ali vaš partner prevelika individualista in si težko predstavljata drugačne poglede na življenje, čemur pa se ne moreta izogniti. Navadite se včasih popustiti in ustreči partnerjevim željam. Ljubezen ni le užitek, pomeni tudi odrekanje in upoštevanje drugega. In ravno tu je pri vas prišlo do kratkega stika. Bodite strpnejši in dovolite partnerju, da bo zares kaj tudi po njegovem. Presenečeni boste, kako rad vam bo vrnil enako.

31 točk ali več

Kakorkoli že, vi ste našli pravega partnerja zase. V vajini vezi se počutite varni, ljubljeni, poželenja vredni in mirni. Če niste verjeli, da je taka sreča mogoča, potem se sedaj z njo morate sprijazniti. Ob tem pa je dobro ohraniti v mislih, da je ljubezenski in partnerski odnos potrebno nenehno ustvarjati. Še tako idealna ljubezen zvodeni, če jo partnerja jemljeta zdravo za gotovo in se zanjo ne trudita. Morda je dobro vedno delati tako, kakor da je partnerja šele treba osvojiti. Ljubite in predajte se zavesti, da ste tudi sami ljubljeni.

Se bom z leti zredil?

V *letih, ko si človek ustvarja pogoje za življenje, porabi za to veliko energije in tako njegovo nagnjenje k debelosti ne pride v pravi meri do izraza. V kasnejših letih pa se zaradi mnogoterih dejavnikov mnogi ljudje začnejo rediti.*

Ste tudi vi med ljudmi, ki so nagnjeni k debelosti?

2 točki pomenita DA, 1 pomeni NEODLOČENOST, 0 pa NE. Vprašalnik rešite tako, da, če je le mogoče, čim manjkrat obkrožite srednji, neodločeni odgovor.

1) Večkrat sem brezvoljen, apatičen in se **2 1 0**
doživljam kot neustreznega in slabega.

2) Ljudje do mene niso tako dobri, kot sem jaz **2 1 0**
do njih.

3) Ko se znajdem v zame posebej težavnih **2 1 0**
obdobjih, se navadno zredim za kakšen kilogram.

4) Večkrat samega sebe presenetim, ko **2 1 0**
izbruhnem v napad besa in jeze.

5) V časopisih vedno s posebnim zanimanjem **2 1 0**
preberem vsebine o debelosti in hujšanju.

6) Hočem imeti vse in to takoj. **2 1 0**

7) Do debelosti imam nek odpor. **2 1 0**

8) Ko jem, običajno ne uživam, in se bojim, da bi **2 1 0**
se zredil.

9) Vsaj eden izmed mojih staršev je pretirano **2 1 0**
debel.

10) Majhni otroci navadno ne pojedo dovolj **2 1 0**
hrane.

11) Ugled je v življenju zelo pomemben – vedno, **2 1 0**
ko kaj počnem, ob tem mislim, kako bodo na to
gledali drugi.

12) Bolje si je življenje greniti z dietami, kot pa **2 1 0**
biti debel.

13) Premalo storim za to, da bi dosegel svoje cilje **2 1 0**
in uresničil svoje želje.

14) Debeli ljudje so dobrohotnejši in srečnejši od **2 1 0**
suhih.

15) Zdi se mi, kakor da me je mati skušala **2 1 0**
včasih preveč
obvarovati pred življenjem.

16) Debeli ljudje bi se svojega telesa morali **2 1 0**
sramovati.

17) V življenju se počutim osamljenega. **2 1 0**

18) V naši družini so se vsakodnevno kuhali **2 1 0**
obilni, dobri in gurmanski obroki.

19) Kot otrok sem bil plašen in sramežljiv, težko **2 1 0**
sem se znal postaviti zase.

20) Rad se oklenem kakega človeka, ki je močen, **2 1 0**
ker se ob njemu tudi jaz počutim močnega.

21) Pogosto sem depresiven in nezadovoljen s **2 1 0**
svojim življenjem.

22) Ko začutim v sebi praznino in puščobo se **2 1 0**
navadno potolažim tako, da se do izobilja najem
nečesa dobrega.

Rezultati

Seštejte številke, ki ste jih obkrožili!

15 točk ali manj: jeste zato, da lahko živite
Lahko ste brez skrbi: kasneje v življenju se ne boste

zredili. Sami znate "nositi" svoje življenje. Dobro se zavedate, da se za želeno morate potruditi, hkrati pa vzroke za posamezne neuspehe ne pripišete "hudobnim ljudem", ampak sebi. Nimate občutka, da je svet do vas krivičen in da vam premalo vrača. Občasnega občutka osamljenosti, neuspešnosti, nesposobnosti ne pogasite s hrano. Napolnite se z akcijo, z dejavnostjo - in ne s hrano. Z mislijo o telesni teži se ne ukvarjate pretirano. Hrana je za vas nekaj dobrega in sposobni ste pravega gurmanskega užitka brez občutkov krivde. Namesto s hrano se znate napolniti z aktivnim in zdravim življenjem.

Od 16 do 30 točk: hrana kot rezervna tolažba

Svoje življenje imate v svojih rokah. To pa še ne pomeni, da se tu in tam ne izgubite in se počutite kot majhen otrok. V glavnem dosežete to, kar si želite, le včasih se vam zdi svet krivičen in za vas preveč naporen. Namesto da bi takrat postali dejavni se umaknete v godrnjanje in posežete po hrani. Ta vas v takih obdobjih napolni z zadovoljstvom, ki na nek način prikrije vaše slabosti. Potrudite se, da boste v življenju bolj aktivni in predvsem ne obupajte, ko vam kaj ne gre kot po maslu. Preveč pričakujete od drugih in se zato večkrat počutite prikrajšane. Zavedati se morate, da svoje cilje morate doseči predvsem sami. Kadar se zalotite v slabi koži in se skušate rešiti z zadovoljstvom, ki vam ga prinaša hrana, takrat raje razmislite o tem, kaj lahko storite, da vam bo življenje postalo zares prijetnejše - da ne boste potrebovali bega v hrano.

31 točk in več: živite zato, da lahko jeste

Saj se tudi sami zavedate, da nenehno jamrate, kako nepravično je življenje, in da vam ljudje vedno dajo manj, kot vi njim. Je to res? Nesamostojni ste in vse preveč pričakujete od drugih, da bodo za vas dosegli vaše cilje. Sami svojih želja ne znate prav dobro uveljaviti. Občutka lakote in občutka sitosti skorajda več ne čutite, ko pa vaš želodec obremenjujete s polno paro. Prepričani ste, da bi vas ljudje, če bi bili suhi, imeli veliko raje in ste s seboj kronično nezadovoljni. Poskušajte se sprostiti in prisluhniti lastnemu telesu. Ali občutka lakote včasih ne zamenjate s potrebo po ljubezni, po varnosti, po nežnosti? Poskrbite zato raje da boste aktivneje dosegali to, kar si želite. Napolnite se z svojimi malimi uspehi, z ljubeznijo do partnerja, z dejavnostmi - in ne s hrano.

Sem nagnjen k depresiji?

N i ga človeka, ki v svojem življenju ne bi preživel vsaj enega depresivnega obdobja, ko je njegovo telesno in duševno delovanje bilo pod optimalnim nivojem. Depresije so normalne in celo zdravilne, če se končajo takrat, ko je izginil povod zanje (izguba ljubljene osebe, neuspeh, preveč stresa...). Sodobni način življenja terja vse bolj globoke oblike depresivnosti.

Odgovorite na naslednja vprašanja - hitro in ne premišljajte preveč. Ob rezultatih razmislite, če ste nagnjeni k depresiji!

1) Zadnje čase razmišljam le še o svojem   **DA NE**
počutju in o svojem zdravju.

2) Slabo spim; grem pozno spat in se   **DA NE**

prebudim ves utrujen.

3) Drugi ljudje me ne zanimajo več.   **DA NE**

4) Razočaran sem nad seboj.   **DA NE**

5) Vsaka stvar me v trenutku spravi ob živce.   **DA NE**

6) Želja po spolnosti me je skoraj minila.   **DA NE**

7) Moj telesni videz je vse slabši.   **DA NE**

8) Drugi ljudje bi bolje živeli brez mene.   **DA NE**

9) V zadnjem času se moja telesna teža   **DA NE**
močneje spreminja.

10) Drugi me le motijo pri mojem delu.   **DA NE**

11) Pogosto se počutim krivega in   **DA NE**
nevrednega.

12) Šele ko se ozrem v prihodnost postanem   **DA NE**
zares malodušen.

13) Raje bi bil v koži koga drugega.   **DA NE**

14) Tako, kot sem se lahko nekoč, se ne   **DA NE**
morem več zjokati.

15) V ničemer ne najdem več takega   **DA NE**
zadovoljstva, kot sem ga nekoč.

16) Če naredim kaj narobe, si hudo očitam.   **DA NE**

17) Mislim, da se mi bo zgodilo kaj hudega.   **DA NE**

18) Moje življenjske odločitve so bile prava   **DA NE**
polomija.

19) Vsega imam dovolj.   **DA NE**

Rezultati

Seštejte DA odgovore!

Manj kot 7 točk

Na težave in probleme se le redko odzovete z depresijo. Raje pogledate hudiču naravnost v oči, dokler je še tukaj. Situacije sproti razrešujete in se zato skoraj vedno počutite dobro in razbremenjeno. Če se vam enkrat ponesreči, tega ne jemljete tragično. Ene črne packe ne razmažete po celem listu. Zavedate se, da ob uspehih nujno pride tudi kak spodrsljaj. Na življenje gledate optimistično. Aktivni ste in znate ukrepati takoj, ko zaznate ugodno priložnost. Ne naslanjate se na usodo in ne jamrate, da do vas ni dovolj darežljiva. Stvari vzamete v svoje roke. Občasne depresije, ki jih doživljate, pa imajo za vas zdravilni učinek. Takrat se naučite vzpostavljati novo in še bolj trdno ravnotežje, še bolj globoko razumete življenje. Ne bojite se, da bi se od drugih lahko nalezli depresije in ste zato za soljudi pravi antidepresiv. Dovolj trdni ste, da se lahko pogovarjate s človekom, ki mu je življenje ta trenutek pretežko.

Od 8 do 13 točk

Večina ljudi je sposobna v svojem življenju ohraniti duševno ravnotežje, ki pa ga občasno porušijo bolj ali manj intenzivna obdobja depresivnosti. To so obdobja, ko vam je še posebej težko uvideti, da ste se pred tem dobro počutili in da boste čez nekaj časa zagotovo spet dobro. In ravno zato, ker si tega ne morete predstavljati, se vam čas depresivnosti zdi neskončen.

In kako se lahko najbolje izognete brozgi depresivnosti? Igrajte se naštevanja dosedanjih uspehov in svetlih trenutkov. Ugotovili boste, da ste vedno našli nek način iz navidezno nerešljive in neskončne situacije, da ste se vedno izvlekli. Ne prepustite se negativnim mislim, ali pa se iz njih celo ponorčujte. Z vašo aktivno naravnanostjo boste obdobja depresivnosti hitro prebrodili in na koncu ugotovili, da so vas oplemenitila s koristnimi spoznanji.

Od 14 do 19 točk

Pogosto vas prevzemajo neprijetna čustva, kot so občutki krivde, potlačenosti in ničvrednosti. Gotovo ste tudi sami že opazili, da se nagibate k depresivnosti. Na nek način radi blodite po teh neprijetnih čustvih in nič ne ukrenete. Kakor da bi se predali in kot da čakate odrešitev od zunaj. Dobro bi bilo nekonstruktivno pasivnost preusmeriti na prepoznavanje neprijetnih čustev in vzrokov zanje. Si morda ne zmorete priznati, da vas oče nima rad? Se ne zmorete spoprijeti z izgubo vere v njegovo ljubezen do vas? Sprejeti negativno v sebi in v življenjskih danostih, ter se osredotočiti na pozitivno, to je rešitev. Razmislite o vseh svojih uspehih in ne zmanjšujte njihovega pomena. Pravico imate biti nepopolni, ne kaznujte se, če ne morete delovati brezhibno kot stroj. Ko vam je najhuje, se spomnite, kako ste že prej prebrodili depresivna obdobja. Ugotovili boste, da po dežju spet posije sonce in da ima tudi dež svoj velik pomen. Ne borite se proti slabemu v sebi in v okolici. Raje iščite in ustvarjajte dobro!

Realist ali sanjač?

K ako smo ljudje različni! Eni se zakopljejo v svoje sanje in v njihovem toplem objemu tako rekoč preživijo svoje življenje. Drugi pa sanje doživijo kot opomin, kako zelo se resničnost razlikuje od njihovih želja.

Kaj pa vi? Ste realist ali sanjač?

Odgovorite na naslednja vprašanja in gotovo boste bliže odgovoru...

1) Raje imam vrabca v roki kot goloba na strehi. **DA NE**

2) Samega sebe vedno prej ocenim prenizko kot previsoko. **DA NE**

3) Filter sanj le zamegljuje pravi pogled. **DA NE**

4) Ljudje se mi včasih zdijo nevarni; lahko ti škodijo, če nenehno ne paziš nanje. **NE DA**

5) Razlika med mojimi sanjami in realnostjo me počasi ubija. **NE DA**

6) Moja razočaranja so po navadi izredno globoka. **NE DA**

7) Preračunljivih ljudi ne maram. **NE DA**

8) Pubertetniška sanjarjenja so mi vedno šla na živce. **DA NE**

9) Spolnost mi ne predstavlja posebnega užitka. **NE DA**

10) Drugi v življenju več dosežejo od mene. **NE DA**

11) Vedno sem trdil, da je bolje, da človeka vodi razum in ne čustva. **DA NE**

12) Menim, da so ljubezenske zgodbe navadno prav bedaste. **DA NE**

13) Pogosto se sprašujem, od kod nekaterim ljudem tako bujna domišljija. **DA NE**

14) V zasanjanih razmišljanjih lahko včasih preživim celo popoldne. **NE DA**

15) Ponoči le redko sanjam. **DA NE**

16) Nikoli nisem na veliko planiral svoje prihodnosti. **NE DA**

17) Prej bi kupil strokovno knjigo kot roman. **DA NE**

18) Raje rešujem križanke kot berem. **DA NE**

Rezultati

Seštejte število obkroženih odgovorov v levem stolpcu!

6 točk ali manj

Vi ste človek intuicije, domišljije in sanjarjenj. Prav srečni bi bili, če bi lahko živeli v zgodbi kakega romana ali v oblakih lastne domišljije. Opomini realnosti vas občasno prav neprijetno opečejo. Vsakdanja rutina mori vaš duh. Po drugi strani pa vam sanje dajejo neusahljiv vir vere v življenje in so osnova vašega gorečega optimizma. Ste človek, ki je nenehno zaljubljen - v sliko svojih želja, ki jo vidi v partnerju. Zato se vaše zveze kaj hitro prekinejo, razočaranje pa nadomestijo nove sanje. Včasih je vaše sanjarjenje že prav patološko, saj vas odtegne od realnosti, ki se vam zato, ker v življenju dejansko premalo storite, zdi vedno bolj kruta. No, če veste, da se v pravljico lahko vedno vrnete, vam bo gotovo lažje skočiti naravnost v realnost življenja in bolje poskrbeti zase.

Od 7 do 11 točk

Svet, ki ga gledate le skozi razum, se vam zdi kar preveč

dolgočasen, trd, neupogljiv. Zato realnosti dodate tudi dozo domišljije, ki vam je ne manjka. Zaradi plemenitega spoja domišljije in realizma ste zelo ustvarjalni in svoje ideje znate uresničiti. Pogosto se izgubite v nekih sanjah, na koncu pa se iz njih vedno izvlečete in iz njih potegnete nekaj uporabnega. To sposobnost vam mnogi zavidajo, saj zares pomeni veliko bogastvo vaše duševnosti. Dobro veste, kdaj je treba med sanjarjenjem odpreti oči. Zdi se, da sanje izkoristite kot počitek od naporne realnosti. Bili bi dober psiholog, pisatelj, za vas so poklici, ki zahtevajo združitev intuicije in znanja.

12 točk in več

Sanjarjenje vam je tuje. Globoko ste zasidrani v realnosti, od katere se ne oddaljite, pa naj bo še tako boleča. Sanje so za vas kvečjemu nek realno dosegljiv cilj, ki ga nameravate doseči. Sanjarjenj nikoli toliko ne negujete, da bi zanemarili konkretne načine in možnosti, kako bi jih dosegli. Če ugotovite, da so kakšne sanje za vas nedosegljive, jih zavržete in pozabite. Tudi od ljubezni ne pričakujete izpolnitev sanj, pričakujete le realno dosegljivo. V službi in pri delu ste bolj osredotočeni na sprotne cilje, končni cilj za vas že pomeni neke vrste sanj. Torej so tudi vaše sanje v službi njegovega veličanstva, realnosti. Ob ljudeh, ki veliko govorijo in malo naredijo, ki žive v oblakih in ne hodijo trdno po tleh, se zelo slabo počutite. Le tako naprej, ne pozabite pa, da so sanjarjenja včasih dobrodošel obliž pred trni življenja. In inspiracija za nove konkretne dosežke!

Spolnost in jaz

*L*udje se razlikujemo po tem, kakšen in kolikšen pomen ima v našem življenju spolnost. Nekateri o teh rečeh razmišljajo skoraj vsako minuto svojega življenja in jim je spolna potešitev najpomembnejši cilj. Drugi pa se na spolnost spomnijo le tu in tam in si posebej ne prizadevajo za dejavnost na tem področju. In oboje je naravno; ljudje smo pač različni, večina pa se nas pač nahaja nekje na sredini dimenzije med burno spolnostjo in popolnim nezanimanjem zanjo.

Odgovorite na naslednja vprašanja. Morda se boste za kanček bolje spoznali.

1) Zdi se mi, da moralne zapovedi v družbi **DA NE** človeka utesnjujejo in da zato ne more biti v spolnosti dovolj spontan.

2) V zadnjem času sem imel premalo spolnih **DA NE**

stikov.

3) Včasih se mi zdijo moje spolne želje   **NE DA**
neprijetne.

4) Zaradi neustrezne vzgoje sem spolno bolj   **NE DA**
zavrt.

5) Misli o spolnosti me pretirano nadlegujejo.   **NE DA**

6) V filmih bi morali prepovedati seks scene.   **NE DA**

7) Največja vrednota deklet je nedolžnost.   **NE DA**

8) Spolna zvestoba enemu partnerju skozi celo   **DA NE**
življenje je neumna.

9) V zvezi s spolnostjo imam pogosto slabo   **NE DA**
vest.

10) Kljub rednim spolnim odnosom je   **DA NE**
masturbacija dobrodošla kot sprememba.

11) Spolni organi se mi zdijo neestetski.   **NE DA**

12) Pred poroko ne bi smeli imeti spolnih   **NE DA**
odnosov.

13) V navzočnosti nasprotnega spola bi se bilo   **NE DA**
treba izogniti vulgarnih besed.

14) Rad se dotikam svojih spolnih organov.   **DA NE**

15) Prostitucijo je treba prepovedati.   **NE DA**

16) Brez seksa mi živeti ni.   **DA NE**

17) Hitro se spolno vzburim.   **DA NE**

18) Spolnost zame pomeni občutke krivde.   **NE DA**

19) Spolne orgije so prava stvar zame. **DA NE**

20) Misli o spolnosti me nenehno nadlegujejo. **DA NE**

21) Rad gledam "pohujšljive" slike in filme. **DA NE**

22) Včasih se mi zdi, da spolni občutki **DA NE**
prevzamejo kontrolo nad menoj.

23) Strah me je spolnih odnosov. **NE DA**

24) Moj partner zadovoljuje moje seksualne **NE DA**
potrebe.

25) Pacek je tisti, ki med seksom opolzko **NE DA**
govori.

26) Skok čez plot je po mojem vzrok za **NE DA**
razvezo.

Rezultati

Seštejte obkrožene odgovore v desnem stolpcu.

Do 9 točk

Spolnost v vašem življenju igra pomembno vlogo in je vaš najpomembnejši vir zadovoljstva. Pri tem vas ne ovirajo omejujoče moralne zapovedi - v spolnosti si vzamete vso svobodo. Iščete najpopolnejši spolni užitek, eksperimentirate, poskušate nove variante in sploh svojemu spolnemu nagonu sledite kot žival sledi svojemu plenu: strastno in do neskončnosti predano. Ob tem niti ne opazite, da ste v službi v zaostanku z delom, da zanemarjate prijatelje... Za daljša obdobja vas spolnost vzame v svoje roke, preplavi vas in zoži vaše življenjske interese. Ste idealen partner za kratke avanture, a užitek za vas pomeni užitek obeh partnerjev. Vse lepo in prav; pazite le, da spolnost ne postane zasvojenost in edini način sproščanja notranjih napetosti.

Od 10 do 17 točk

Skoraj tako natančno kot tehtajo v lekarni ste si znali urediti vaše življenjsko ravnotežje med običajnimi obveznostmi življenja in spolnostjo. Na obeh področjih ste uspešni, veste kdaj vas lahko zanese bolj na eno in kdaj bolj na drugo področje. Ste realist, v življenju znate dobro presojati. Ste idealen partner za zakon, življenje vas ne zamaje. Službe ne nosite domov v posteljo. Sposobni ste se prilagajati spolnim željam partnerja, znate ceniti njegovo spolno nadarjenost. Dobri ste; pazite, da vas kdo ne ukrade!

18 točk in več

Veliko ljudi ne čuti močne potrebe po spolnosti, nekateri ljudje se je celo bojijo in se ji izmikajo. Ali tudi vas že sama misel na seks napolni z občutji krivde in umazanosti? Ali spolne impulze že v kali skušate zadušiti? Seveda se tudi sami zavedate, da je vaše početje nesmiselno. Spolnost sama po sebi, brez ljubezni, gotovo ni za vas. Kaj pa, če bi vaša spolna hotenja združili z ljubeznijo? Spolnost, prepletena z nežnostmi, zaljubljenostjo, zaupanjem in predajanjem bi gotovo tudi za vas bila prijetna. Vi ste človek, ki verjetno nikoli ne bo eksperimentiral na področju spolnosti. Poskusite pa vsaj sprejeti oblike, ki so za večino ljudi sprejemljive in ki bi lahko zadovoljile vas in partnerja. Samo, za božjo voljo, ne poiščite si partnerja, ki je v seksu bolj goreč od vas. V tem primeru se boste vedno počutili spolno preobremenjeni in spolnost bo za vas postajala še bolj neprijetna. Počasi - a zanesljivo - naprej!

Kako se spoprijemam z življenjskimi ovirami?

V *življenju je veliko situacij, ko se nam na začrtani poti do cilja postavi neka ovira. Ko ne gre naravnost, ampak moramo razmisliti o novih poteh. Ljudje na ovire reagiramo zelo različno. Lahko si začnemo še močneje prizadevati, da bi luknjo na poti do sreče zakrpali. Lahko pa pobegnemo, se umaknemo iskanju rešitev in postanemo jezni na ves svet.*

Odgovorite na spodnja vprašanja in ob rezultatih razmislite o tem, kako ravnate vi.

1) Ko mi ne gre vse kot po maslu se najbolj **DA NE**

pomirim tako, da si privoščim malo orgijo požrešnosti.

2) Ne razumem ljudi, ki svoji jezi nikoli ne dajo duška. **DA NE**

3) Ker se težje kontroliram pred drugimi včasih izpadem bedak. **DA NE**

4) Prevelika morala je pri spolnosti škodljiva. **DA NE**

5) Na svoji poti do cilja nikoli ne obupam; sem kot tank: počasen, toda vztrajen. **NE DA**

6) V svojem življenju sem že bil vpleten v manjši fizični obračun. **DA NE**

7) Prav malo mi je mar, kakšen bo svet leta 2050, mene zanima tukaj in zdaj. **DA NE**

8) Lepa obleka naredi človeka. **DA NE**

9) Bil bi slab učitelj, ker vedno ne morem biti tako resen. **DA NE**

10) Če v kozarcu pijača ne seže do črtice, ki označuje 2 dcl, to takoj povem natakarici. **DA NE**

11) V življenju težko prenašam situacije, ki so zame nove in nepredvidljive. **DA NE**

12) Vreme prav neverjetno vpliva na mojo "dobro voljo". **DA NE**

13) Ljudje me poznajo kot temperamentnega človeka. **DA NE**

14) Ko se za nekaj odločim me še sto tankov ne premakne niti za milimeter. **NE DA**

15) Ko hočem nekaj doseči, pa mi to takoj ne gre od roke, skoraj zblaznim. **DA NE**

16) Če delo ni preveč zanimivo si zelo hitro želim vse skupaj vreči ob steno in skoraj ne vzdržim do konca. **DA NE**

17) Ko sem lačen postanem siten in jezav. **DA NE**

18) Človek, ki ne uživa v dobrih stvareh, ne more biti srečen. **DA NE**

19) Imam težave s preveliko težo. **DA NE**

20) Pa naj bo krivica še tako mala, v meni vzbudi pravi vulkan jeze. **DA NE**

21) V jezi včasih reagiram tako, da vržem kakšno stvar ob steno. **DA NE**

22) Živim zato, da lahko dobro jem. **DA NE**

Rezultati

Seštejte število obkroženih odgovorov v levi koloni.

Do 8 točk

Nič vas ne zaustavi na poti do želenega. Če je potrebno tudi z golimi rokami prekopljete tunel skozi oviro.

Vzamete si čas in premislite strategijo. Natančni ste kot stroj. In potem, ko veste kako, takrat vas na vaši poti ne more nič ustaviti. Ločite pomembne od nepomembnih problemov in še zato hitreje pridete do cilja. Manjše prikrajšanosti junaško prenesete brez "svete jeze" in jamranja. Dobro znate opraviti z ovirami; to je vaše veliko osebnostno bogastvo. Puške nikoli ne vržete v koruzo. Razumete, da je rešitev pogosto ravno v vztrajnosti.

Od 9 do 15 točk
Dobro veste, da znate poiskati najboljšo pot do želenega. Veste pa tudi to, da vas občasno vaše notranje slabosti zapeljejo na napačni tir. Ko se vas poloti otroška nergavost in ko se začnete jezno zaletavati v steno, takrat se morate vzeti v roke in znova začeti ravnati konstruktivno, kot vi to znate. Zdi se da so vaše strategije za reševanje problemov v veliki meri odvisne od vašega razpoloženja, od vaše muhavosti. Malo bolj se poskušajte kontrolirati in šele potem bo vaš način reševanja problemov uspešnejši. Ko se vam zgodi, da začnete razmišljati ali bi puško vrgli v koruzo ali ne, takrat za vas nastopi trenutek, ko se morate zavestno napolniti z močjo. Reševanje problemov obvladate, potrudite pa se spoznati še nove poti in si ne dovolite otroškosti.

Več kot 15 točk

Vaš zaščitni znak je optimizem. Že ko si zadate nek cilj je ta za vas tako rekoč uresničen; zlepa ali zgrda hočete opraviti z ovirami na poti do želenega. Večkrat se vam zgodi, da ste v taki svoji vnemi do soljudi nepotrpežljivi in grobi, toda vi ne razmišljate o tem. Ker pa premalo razmišljate o težavah na poti do cilja in cilj jemljete kot da ste ga že dosegli, se večkrat uštejete in poparjeno ugotovite, da stvari ne obvladate več. Takrat se vam utrga film, kričite in krivite druge za svoj neuspeh. Najraje bi se vrgli na tla in tolkli po tleh. Se vam ne zdi, da ste včasih podobni otroku, ki rjove, ker mu mama ni hotela dati čokolade? Ob tem pa dobro veste, da tako vedenje ni konstruktivno. Bolje bi bilo, ko bi bolj premišljeno in ozemljeno pristopili k reševanju težav in ko bi vzroke za neuspeh včasih poiskali tudi v sebi. Kaj pa to: če do nečesa ne morete priti, si morda poskusite zastaviti drug, lažje dosegljiv cilj.

Ste zadovoljni s to knjigo?
Na Amazonu poiščite še druge knjige psihologinje
Marije Pie Bonifine, ki vam bodo pomagale izboljšati
vaše življenje!